Your mind must arriv

A journal

Valarie Johnson, MBA Certified Life Coach

this journal belongs to

date

date

date

date

date

date

date

date

date

date

date

date

date

date

date

date

date

date

date

date

date

date

date

date

date

date

date

date

date

date

date

date

date

date

date

date

date

date

date

date

date

date

date

date

date

date

date

date

date

date

date

date

date

date

date

date

date

date

date

date

date

date

date

date

date

date

date

date

date

date

date

date

date

date

date

date

date

date

date

date

date

date

date

date

date

date

date

date

date

date

date

date

date

date

date

date

date

date

date

date

date

date

date

date

date

date

date

date

date

date

date

date

date

date

date

date

date

date

date

date

date

date

date

date

date

date

date

date

date

date

date

date

date

date

date

date

date

date

date

date

date

date

date

date

date

date

date

date

Made in the USA
Monee, IL
08 July 2021